Confédération Générale du Travail Unitaire

I.S.R.   33, Rue de la Grange-aux-Belles, PARIS-X°   I.S.R.

Du Réformisme
à la Lutte des Classes

—

Discours de MONMOUSSEAU

Réplique à l'Opposition sur le Rapport moral

Congrès de Bordeaux

(Septembre 1927)

=

PRIX : 0 fr. 50

DU RÉFORMISME A LA
LUTTE DES CLASSES

DISCOURS DE MONMOUSSEAU

(Réplique à l'Opposition sur le Rapport Moral)

Prononcé au Congrès de Bordeaux
(Séance du Mercredi 21 Septembre 1927)

....

CAMARADES,

J'ai deux citations à faire à l'introduction de mon intervention. Elles sont extraites de *la Révolution Prolétarienne*, distribuée sur vos tables :

« Nous savons que ce faisant, nous mettons fin à un certain régime de l'unanimité. Nous le faisons avec la conviction de servir la C.G.T.U., car nous constatons tous les jours que cette unanimité n'est qu'apparente, que réellement elle étouffe l'écœurement de nombreux militants de la première heure, réduits au silence par le mensonge et par la calomnie. »

Voici la deuxième citation :

« Nous ne serons pas mieux reçus au congrès de Bordeaux qu'au congrès de Bullier. »

Camarades de la minorité, vous conviendrez que vous avez eu tout le temps nécessaire pour détruire, à l'ouverture de ce débat sur le rapport moral, toutes les calomnies et mensonges dont vous prétendez être victimes et sous lesquels vous affirmez la voix des syndicats unitaires étouffée.

J'ose même affirmer que ce temps que vous avez pris pèse moins sur nos épaules que sur celles du congrès. J'espère qu'après cette démonstration, vous aurez l'honnêteté de détruire dans votre prochain numéro, votre affirmation première, d'effacer cette comparaison indigne que vous avez faite entre le congrès de Bullier et celui de Bordeaux, sur les méthodes de travail de nos congrès (*applaudissements*).

Je vous assure, camarades de *la Révolution Prolétarienne* et mon opinion est partagée par tous mes camarades du bureau confédéral, que nous sommes heureux de votre démonstration et que nous nous efforcerons d'en tirer les leçons nécessaires. La première de ces leçons se retourne directement contre vos affirmations, vous nous avez accusés de faire de la C. G. T. U. une organisation de secte. Votre opposition, qui s'est étendue à son gré sur la critique du rapport moral, prouve que la C. G. T. U. n'est pas une organisation de secte, mais qu'elle a dans son sein, jouissant de toutes les libertés, tous les courants du mouvement syndical; elle prouve qu'à la sortie du congrès de Bourges, nous avons élargi le cadre de notre recrutement en même temps que notre contact avec les masses ouvrières, que nous avons développé nos syndicats et nos bases d'action dans le mouvement ouvrier.

Vous avez dit quelque part que vous étiez en progression, vous vous croyez des révolutionnaires. Je vous déclare que vous êtes en régression. Vous êtes une petite fumée qui reste à l'arrière-plan de notre mouvement et qui représente avec de pâles reflets des traditions surannées, l'impuissance que, dans la période actuelle de crise capitaliste, représente le réformisme au sein du mouvement ouvrier.

AU-DESSUS DES PERSONNALITES

Le camarade Chambelland a eu l'ambition de s'élever au-dessus des personnalités : « Les personnalités ne nous intéressent pas, a-t-il dit, elles nous sont indifférentes. Certaines même nous sont plus qu'indifférentes ». Il ne faut jamais dépasser la mesure. Quand quelqu'un vous dit que vous lui êtes plus qu'indifférent, c'est qu'il se prépare à vous attaquer.

Vous avez fait de larges citations pour prouver que les personnalités qui vous sont plus qu'indifférentes vous intéressent beaucoup plus que nous (*rires*). Vous pensez bien que je ne vais pas vous répondre sur le ton d'une défense personnelle.

Je veux d'abord répondre à mon camarade Rambaud, sur un point bien particulier. Rambaud, qui m'a présenté sous un jour un peu osé, surfait et pas très démocratique, sous l'image symbolique d'un lion. a abordé au fond un problème important : Entre Jouhaux et Monmousseau, a-t-il dit, il y a une différence à l'avantage de Jouhaux contre Monmousseau. Il ne s'agit pas de différence d'humeur, de caractère, mais une différence d'attitude syndicale. Il a dit : « Voyez Jouhaux, c'est l'homme qui plane au-dessus des discussions de tendances, il reste à sa place, c'est un grand roi qui domine la mêlée, qui laisse se chamailler la populace au-dessous de lui et, finalement, rallie tout le monde, tandis que Monmousseau c'est un type qui fait de la polémique. Les ouvriers confédérés trouvent là un gros motif de mécontentement et cela gêne les manifestations de front unique et d'unité ».

Camarades, il est possible qu'il y ait entre Jouhaux et moi une différence de tempérament, mais ici Rambaud a mis au premier plan une question politique.

Je pense que nous ne détruisons pas avec assez de volonté les légendes que les chefs réformistes colportent sur le dos de nos militants et que nous ne remplissons pas toujours notre devoir, non pour la défense des personnalités, mais pour la défense de nos positions dans la lutte des classes, contradictoirement à l'attitude de collaboration des classes des dirigeants réformistes.

Que reproche-t-on aux militants de la C. G. T. U. au fond? On leur reproche de ne pas être neutres en face de la position politique des dirigeants de la C. G. T., car tout ce que nous avons pu dire et écrire se résume en une série de critiques sur la position politique de la C. G. T. réformiste et de ses dirigeants.

Est-ce qu'il faut se taire, est-ce qu'il faut être neutre? Si oui, je vous assure qu'il faudrait en trouver un autre que moi pour défendre le rapport moral, mais je vous demande d'attendre une autre époque pour un régime de neutralité à la direction syndicale, il faudrait au moins attendre que nous ayons instauré la dictature du prolétariat (*applaudissements*).

Il faudrait que nous ayons débarrassé la route de tous les courants qui, à l'heure actuelle, se mêlent intimement avec la bourgeoisie pour empêcher la marche du mouvement ouvrier vers son émancipation. Le problème est plus sérieux en vérité qu'un problème de personnalité. Il convient au contraire de définir notre attitude vis-à-vis de tous les adversaires du mouvement ouvrier et de la lutte des classes, vis-à-vis de tous les amis ou alliés de la bourgeoisie.

DEUX SORTES DE CRITIQUES

Dans les critiques qui ont été apportées sur le rapport moral, il faut faire deux parts, deux catégories ; la catégorie des critiques qui reflètent les inquiétudes de la base, la somme des difficultés que nous rencontrons pour accomplir nos tâches, certaines incompréhensions des événements, mais qui n'engagent pas la ligne générale de la C.G.T.U., critiques qui disent : je pense que vous avez commis une faute ou une erreur de tactique ici, qu'il n'était pas opportun d'agir comme cela à tel instant, mais qui proclament que l'orientation de la C. G. T. U. est une orientation juste.

L'autre partie des critiques reflète une volonté de lutte contre la ligne générale de la C. G. T. U.; on a accumulé à cet effet une somme de petites histoires et de chinoiseries.

La première partie des critiques vote pour le rapport moral et la seconde catégorie vote contre.

Sur la première catégorie, je ne veux pas revenir; nos militants venus hier à cette tribune et en dernière analyse nos camarades Racamond et Dudilieux ont suffisamment répondu.

J'ai concentré toute mon attention sur une déclaration faite par notre camarade Chambelland, en conclusion de son exposé. Chambelland a déclaré : « Nous votons contre le rapport moral, parce que la direction confédérale va vers la social-démocratie. »

Au travers des lunettes de *la Révolution Prolétarienne*, la C. G. T. U. a donc une orientation réformiste. Il s'agit de savoir, comme conclusion au débat sur le rapport moral, où sont les réformistes et les social-démocrates dans ce congrès; et si la ligne générale de notre activité est réformiste, ne vous gênez pas : balayez ! Il y a là-bas, à la table de la minorité, des jeunes pleins de fougue et de vigueur qui orienteront la C. G. T. U. dans une voie ultra-révolutionnaire.

Ce n'est pas seulement dans de petits événements détachés les uns des autres que nous pouvons chercher où sont les réformistes, mais bien sur une plate-forme principale.

Notre camarade Chambelland a apporté ici des arguments triés sur le volet, mais nous allons les compléter par tous ceux qui ont été apportés contre nous au cours de ces deux années et qui sont contenus dans la collection de *la Révolution Prolétarienne*.

LA C. G. T. U.
ET LA STABILISATION DU CAPITALISME

Le fond de nos divergences repose sur l'appréciation à l'égard de la stabilisation du capitalisme. Nous ne sommes pas d'accord sur ce problème, ni avec *la Révolution Prolétarienne*, ni avec Jouhaux.

Les dirigeants de la C. G. T. n'ont jamais affirmé que le capitalisme international était stabilisé, mais ils travaillent avec une application soutenue à sa stabilisation. Ils apportent à la bourgeoisie l'appui des ouvriers organisés dans la C. G. T. et ils tirent du Conseil Economique National les formules de la bourgeoisie qu'ils transportent dans le mouvement ouvrier de ce pays.

Est-ce exact?

UNE VOIX. — C'est vrai!

MONMOUSSEAU. — Sur le terrain international, les dirigeants de la C. G. T. travaillent aussi à la stabilisation du capitalisme; ils donnent à la bourgeoisie internationale l'appui de la F. S. I. d'Amsterdam et ils prennent au sein de la Société des Nations les formules démagogiques de la paix, formules mensongères et dangereuses, pour les transporter au sein du mouvement ouvrier international. Est-ce vrai?

UNE VOIX. — C'est exact.

MONMOUSSEAU. — C'est exact, mais nos camarades de *la Révolution Prolétarienne*, comment pensent-ils à propos de la stabilisation du capitalisme? Ils ont oublié de nous le dire. Mais ils se sont exprimés sur cette question dans leur organe. Ils croient à la stabilisation du capitalisme. Leur scepticisme, leur défaitisme, leur dénigrement systématique de l'activité de la C.G.T.U. n'est qu'une conséquence de cette appréciation sur les événements de notre époque.

Notre programme, nos mots d'ordre sont établis sur des appréciations absolument différentes de celles de *la Révolution Prolétarienne* et des dirigeants réformistes.

Le capitalisme fait des efforts désespérés pour sa stabilisation dans tous les pays. Mais l'époque actuelle est caractérisée, dans la ligne générale du développement capitaliste mondial, par le commencement de la dégénérescence du capitalisme. L'effort que déploie dans chaque pays la bourgeoisie pour rétablir son équilibre, masque en réalité l'impossibilité de la stabilisation capitaliste.

Cette marche de la bourgeoisie vers la concentration maximum de son industrie, vers l'abaissement des prix de revient pour la conquête du marché mondial, est une des caractéristiques des difficultés que le capitalisme rencontre pour arriver à la stabilisation et, comme conséquence des efforts de chaque État capitaliste sur les champs de bataille économiques, nous prévoyons, dans les perspectives, l'éclatement des antagonismes capitalistes qui, ne pouvant plus trouver la place pour s'élargir, entraînent le monde à de nouvelles guerres impérialistes *(applaudissements)*.

Et nous sommes contre la stabilisation capitaliste, parce que cet effort de la bourgeoisie ne peut se faire que sur le dos des masses travailleuses, parce qu'il se traduit en fait par l'offensive quotidienne du patronat et des pouvoirs publics contre les revendications ouvrières de toute nature et contre la liberté syndicale et politique dans le pays.

Ce n'est point pour une raison purement philosophique, c'est pour des raisons d'ordre pratique de défense de notre classe menacée par l'offensive capitaliste que nous prenons cette attitude.

Comment se traduit sur des cas concrets cette divergence d'appréciation ?

LA C. G. T. U.
ET LA RESISTANCE AUX OFFENSIVES PATRONALES

Une des questions qui touchent le plus près la classe ouvrière et qui doit intéresser le plus vivement notre congrès, c'est la question des salaires. Quelle est la position des uns et des autres sur la question des salaires, position qui découle de l'appréciation différente que nous avons des événements de notre époque.

Les dirigeants réformistes, dans une série de manifestations retentissantes, recommandent aux ouvriers de faire des sacrifices pour la restauration de l'économie bourgeoise.

Voilà une première position des dirigeants de la C. G. T.

Pratiquement, comment se traduit-elle ? Elle se traduit : 1º par une résistance à prendre le mot d'ordre de l'échelle mobile, en 1925 et en 1926 ; 2º par des mots d'ordre de non résistance à l'offensive du patronat contre les salaires ouvriers au début de cette année, dans toutes les industries menacées ; par la signature de contrats à l'amiable sur la base de diminution des salaires.

Comment se situent nos camarades de *la Révolution Prolétarienne* sur cette question des salaires ? Que résulte-t-il des affirmations qu'ils ont faites ?

L'opposition a déclaré qu'il ne fallait pas demander plus qu'on ne pouvait obtenir. Que signifie une pareille plate-forme ? Un de nos camarades a répliqué que c'était une attitude ultra-réformiste. C'est vrai ! Elle est objectivement réformiste, car ne pas demander plus que la classe ouvrière ne peut avoir, cela signifie en réalité, adapter aux difficultés de tous ordres, et rester au niveau du programme dressé par la bourgeoisie.

La classe ouvrière ne peut obtenir que par la force, plus elle est forte, plus ses objectifs se précisent et se développent. Dans la situation concrète où nous nous trouvons, ne pas demander plus que le patronat ne peut accorder, c'est mettre le facteur ouvrier au deuxième plan, c'est faire précisément ce que font les chefs réformistes et c'est raisonner comme eux.

Nous avons une autre tactique que celle-là sur la question des salaires. Nous sommes contre les mots d'ordre qui, touchant les revendications immédiates ou les événements quotidiens sont trop loin des masses, ne descendent pas jusqu'à leur niveau de compréhension, jusqu'au niveau de leur intérêt immédiat.

Notre position est fixée par le fameux pas en avant de notre regretté camarade Lénine — permettez-moi de le citer ici — c'est un pas en avant sur cette ligne des perspectives révolutionnaires et non pas dans les limites du réformisme et du corporatisme étroit *(vifs applaudissements)*.

CHAMBELLAND. — Un pas, mais pas deux!

MONMOUSSEAU. — Deux pas en avant, c'est un de trop, mais cela vaut mieux que trois pas en arrière *(applaudissements)*. Et si, sur ce point, il est possible que nous ayons parfois mal calculé la distance, nous avons fait notre possible pour être juste.

Faire un pas en avant sur la question des salaires n'est pas chose si simple en réalité. Il faut, au préalable, faire une analyse détaillée, minutieuse des salaires entre les différentes corporations d'abord, entre les différentes catégories ensuite, enfin entre les différentes régions. Nous pouvons certes, dans la recherche de ce pas en avant, commettre quelques erreurs d'appréciation, mais nous n'avons jamais cessé de demander à tous nos militants, fédéraux, régionaux, locaux, syndicaux, de travailler à les corriger, à les préciser dans l'élaboration de leurs cahiers de revendications. Nous n'avons jamais dit à nos camarades : vous devez prendre nos chiffres pour les appliquer à toutes les situations. Nous avons dit exactement le contraire. Ce que nous avons voulu, c'est donner à tous nos militants une base de calcul; et c'est par la recherche quotidienne, par une application consciencieuse de nos mots d'ordre que nous parviendrons à dresser un véritable programme qui réponde à toutes les situations.

Nous devons affirmer que, dans l'ensemble, nos mots d'ordre ont été bons. Notre camarade Bourneton a exprimé sur ce point la pensée générale de tous les militants de base et je ne veux pas y revenir.

Nous ne sommes donc pas d'accord avec vous, camarades de l'opposition, et votre critique abusive n'est pas seulement systématique par volonté de nuire, mais elle répond à un état d'esprit qui n'est pas révolutionnaire, à un état d'esprit de pessimisme, de défaitisme, de non confiance dans les masses ouvrières et dans la force des événements qui poussent ces masses dans la voie de la lutte des classes et de la Révolution *(applaudissements)*.

LA C. G. T. U. ET LES DETTES DE GUERRE

Prenons maintenant les dettes de guerre. Nous avons, là aussi, chacun notre position.

Quelle est celle de Léon Jouhaux et de ses amis ? Jouhaux dit : payons les dettes de guerre, soyons des gens honnêtes et loyaux, nous avons signé des contrats, nous nous sommes engagés avec les Etats-Unis, avec l'Angleterre, il faut payer.

Quelle est la position de *la Révolution Prolétarienne* sur cette question ? « Les dettes de guerre, dit Charbit, est-ce que cela doit nous intéresser ? Cela ne nous préoccupe pas. Que la bourgeoisie se débrouille, ce que nous voulons, ce sont des revendications. »

Nous ne sommes pas d'accord ; nous sommes contre le payement des dettes de guerre pour des raisons de premier plan dans nos perspectives de lutte révolutionnaire et pour des raisons de revendications immédiates (*applaudissements*).

Ah ! vous escamoterez ainsi les conséquences des dettes de guerre quand vous dresserez votre programme ultra-révolutionnaire ? Eh bien, vous irez dire aux ouvriers comment la bourgeoisie se tire d'affaire dans cette question. Les dettes de guerre représentent en réalité une somme des plus considérables que la bourgeoisie veut récupérer sur le dos de la classe ouvrière et qui se traduit par une augmentation des impôts de toute catégorie.

Les dettes de guerre s'ajoutent ainsi aux motifs d'offensive du patronat contre la classe ouvrière, sur le terrain des salaires, des huit heures et des libertés politiques et syndicales.

Charbit. — Les dettes de l'Allemagne, parles-en ! (*)

LA LUTTE CONTRE L'IMPERIALISME

Monmousseau. — Quelle est maintenant notre position respective sur la question de la guerre coloniale ? Léon Jouhaux et ses amis sont

---

(*) Je n'ai pu sur le moment relever cette interruption de notre camarade Charbit, présentée telle quelle, elle manque de clarté et semble tomber en dehors du sujet.

Charbit aurait dû se souvenir qu'au moment de l'occupation de la Ruhr et aussi à l'occasion du plan des experts, la C.G.T.U. a pris nettement position contre le paiement des dettes de guerre par l'Allemagne.

pour la colonisation, Million, dans son rapport au Conseil National Économique, dit : « Il faut pratiquer une bonne colonisation. » Les dirigeants confédéraux sont donc des colonisateurs qui cherchent simplement à faire avaler la couleuvre des guerres coloniales aux ouvriers, en préconisant une bonne colonisation, comme s'il y avait une bonne colonisation.

Quelle est la position de *la Révolution Prolétarienne.* sur cette question ? Les camarades de *la R.P.*, avec de belles formules démagogiques et ultra-révolutionnaires sur notre activité contre la guerre du Maroc, ont écrit en toutes lettres que le front unique entre la la C.G.T. et la C.G.T.U. devait être subordonné aux possibilités d'accord entre les deux C.G.T. contre la guerre du Maroc et que le mot d'ordre de fraternisation était faux.

La recherche du front unique, selon l'opposition, doit se faire sur des conciliations de formules et de positions et nous avons introduit dans nos mots d'ordre des formules qui ne permettaient pas à Jouhaux de faire le front unique avec nous.

Je te crois ! mais entre les colonisateurs et ceux qui veulent l'indépendance des peuples coloniaux, la formule de conciliation ne peut se trouver que sur la plate-forme des colonisateurs (*applaudissements*).

CHARBIT. — Le résultat, c'est l'impuissance des deux !

MONMOUSSEAU. — Votre critique se résume à ceci, camarades de *la R.P.* : « Laissons les colonisateurs coloniser à coups de canon ! »

Quand vous recherchez des possibilités d'accord avec Jouhaux, vous oubliez qu'il est un ambassadeur du gouvernement, qu'il est allé en Tunisie et en Algérie avec un mandat gouvernemental pour faire entendre raison aux indigènes ; votre conception du front unique aboutit objectivement au front unique avec les impérialistes.

Vraiment ce n'est pas une plate-forme bien révolutionnaire que vous nous proposez là !

Peut-être avons-nous commis quelques fautes de tactique, mais nous nous sommes inspirés d'un tout autre objectif que le vôtre. Notre but était : mobiliser les masses pour briser l'offensive impérialiste au Maroc et en Syrie et faire échec à la guerre coloniale.

SYNDICATS ET PARTIS

Voici enfin un dernier chapitre auquel nos camarades de l'opposition ont donné une grande importance et qui va nous permettre de faire la clarté sur leur attitude ; c'est celui de la fameuse direction unique.

Prise comme appréciation politique, la critique de l'opposition correspond exactement à l'appréciation de Jouhaux et de toute la bourgeoisie.

Sur la direction unique, quel est l'avis de Jouhaux? Jouhaux, qui ne descend pas comme nous dans le forum, qui joue au grand homme d'Etat, a fait, lui, la direction unique avec la bourgeoisie *(très bien! très bien !)*.

Quel est le sens politique de la direction unique faite par Léon Jouhaux au Conseil National Economique et à la Société des Nations? Quelle est la route suivie par cette direction unique? C'est une route de régression du mouvement ouvrier vers des solutions bourgeoises qui croise celle que le prolétariat doit prendre pour poursuivre son émancipation.

Vous avez, pour satisfaire votre clientèle, jeté quelques grammes de vérités adoucies contre cette fameuse direction unique de la C.G.T. avec la bourgeoisie et, ceci fait, vous déchargez sur notre congrès tout le poids de votre réformisme, en assimilant la position des dirigeants réformistes au sein du Conseil National Economique et de la Société des Nations à celle que, personnellement, nous occupons au sein du Parti communiste.

Vous êtes pour l'indépendance du syndicalisme à outrance. Vous êtes des syndicalistes purs, très purs, mais votre groupe de *la Révolution Prolétarienne*, qu'est-ce? C'est une petite caricature de parti. Vous avez fait défiler à cette tribune tous vos orateurs pour exprimer une même pensée et vous avez empêché les camarades de la base d'exprimer la leur. Vous leur avez mangé leur temps. Vous avez défilé en série pour exprimer une seule et même critique, condensée dans votre brochure et signée collectivement. Vous réalisez donc — si nous reprenions votre formule — une direction unique.

OU VA L'OPPOSITION ?

Dans quel sens va-t-elle votre direction unique? Dans la direction où va Léon Jouhaux; je l'ai démontré dans une série d'exemples. Ce que vous combattez sous la formule démagogique de la direction unique, c'est, avant tout, notre orientation révolutionnaire.

Vous avez dit que les militants de la C.G.T.U. placés aux postes de direction ne s'appartiennent plus. C'est peut-être à *la Révolution Prolétarienne* qu'il faudrait qu'ils appartiennent pour que vous ayez satisfaction, mais je vous préviens que cet accident n'est pas prêt d'arriver.

Les militants qui sont au secrétariat confédéral ne sont pas des petits domestiques qui ont revêtu la livrée de la neutralité et de l'opportunisme (*très bien !*). En abordant le secrétariat confédéral, ils sont restés les militants que les syndiqués ont connus et approuvés, parce qu'ils ont défendu les conceptions et le programme de la lutte des classes. C'est pour développer cette activité qu'ils sont encore au secrétariat confédéral et qu'ils ne consentent pas à dépouiller leur personnalité politique.

Nous ne sommes donc pas d'accord sur ce terrain. Mais vous voulez faire dévier le débat sur un terrain où nous ne vous suivrons pas. Vous avez voulu attaquer au travers de l'activité de la C.G.T.U. un parti qui ne vous doit aucun compte ; ici, dans ce congrès, c'est au titre de secrétaires confédéraux, c'est au nom de la C. E. que nous vous répondons, c'est le rapport moral et l'activité de la C.G.T.U. qui sont en cause.

Tout le monde vous a supportés, les uns avec plaisir, les autres avec impatience, sans se préoccuper de ce que vous faites dans votre coin du quai Jemmapes (*applaudissements*). Continuez, si vous êtes capables de gagner la sympathie de ce congrès, gagnez-la ; si vous y réussissez, Monmousseau, Racamond, Dudilieux, Berrar, qui eux ont conservé leur personnalité, vous feront place, chers camarades qui appartenez à Pierre Monatte (*applaudissements*).

CHARBIT. — Nous en sommes très fiers !

NOGUÈS (Bordeaux). — C'est une reconnaissance officielle.

MONMOUSSEAU. — Est-ce vrai? Ce que le congrès a à juger, ce n'est point ce que font les militants en dehors des syndicats et des assises de ce congrès. Ce qu'il faut juger dans le rapport moral, c'est d'abord l'activité de la C.G.T.U. et le rôle qu'ont joué dans cette activité la commission exécutive et le bureau confédéral responsables devant le congrès.

Si le congrès est de votre avis, s'il juge que nous avons mal travaillé, que vous êtes les vrais révolutionnaires et que nous sommes des réformistes, nous vous passerons les pouvoirs.

Hélas! pour vous, vous avez déjà perdu la fédération du Livre et celle de l'Eclairage et vous avez régressé dans la fédération de l'Enseignement. Ce congrès marquera votre déroute!

Le seul progrès que vous ayez fait depuis 1925 et dont nous nous réjouissons pour l'éducation de ce congrès, c'est de vous être réunis sur une même plate-forme politique.

AVEC LA C. G. T. OU LA C. G. T. U.?

Des exemples de rapprochement entre votre groupe dirigé par Monatte et les dirigeants réformistes, nous en avons d'autres encore.

Dites-moi, en effet, quel travail Monatte a fait pour dresser dans sa sphère d'influence une opposition contre ses anciens adversaires réformistes? Monatte et son groupe sont des exemples de discipline dans la C.G.T. On a fait contre eux un article 36 *bis* et une résolution alors qu'ils déversent, par votre voix, toute leur mauvaise humeur sur ce congrès.

AVEC JOUHAUX CONTRE LA RUSSIE DES SOVIETS

Je vais citer un autre point de raccordement de votre groupe avec Léon Jouhaux que vous ne pourrez contester : ce sont vos critiques contre la Russie des Soviets. Nous pourrions prendre une à une vos *Révolution Prolétarienne*, dresser un tableau de vos attaques perfides et de toutes les petites cochonneries dont vous vous êtes fait l'écho...

Un Délégué. — Dites-en une seule.

Monmousseau. — ...et qui ont servi de marbre à toute la presse bourgeoise contre la Révolution russe (*applaudissements*). Quelle différence y a-t-il sur ce point entre Léon Jouhaux et vous? Le front unique tel que vous le concevez, vous l'avez réalisé par votre conjonction avec Léon Jouhaux qui fut le porte-parole de la Société des Nations et de l'impérialisme français contre les délégués soviétiques à la conférence économique internationale de Genève (*applaudissements*).

Toutes vos manifestations prouvent que l'écart qui vous sépare de nous est beaucoup plus grand que celui qui vous sépare de la C. G. T. (*applaudissements*). La plate-forme que vous avez prise sur toutes les questions est une plate-forme néo-réformiste, un pont pour le passage des troupes de la C.G.T.U. vers la collaboration des classes.

Votre organe vous condamne. Quelle est la proportion des critiques que vous avez adressées à la C.G.T. par rapport à celles que vous portez contre la C. G. T. U. Vers qui votre effort principal a-t-il été dirigé ?

Votre ennemi le plus proche, l'adversaire contre lequel vous déployez toute votre activité, c'est d'abord la C.G.T.U. (*nouveaux applaudissements*).

La collection de *la R. P.* a consacré en effet la presque totalité de ses numéros à la critique de la C.G.T.U. et un seul à la critique de la C. G. T. Comme proportion, cela fait près de 100 % de votre activité dirigée contre nous.

Cela se comprend, ce n'est pas une question de tempérament, mais le résultat de votre ligne politique, de votre défaitisme, de votre méfiance à l'égard du mouvement ouvrier (*vive approbation*).

LES REVISIONNISTES

Enfin, notre camarade Chambelland a parlé ici d'une certaine revision, il nous a mis sous les yeux des articles que j'ai écrits en 1918. En vérité, il eût pu remonter beaucoup plus loin et la revision de nos erreurs n'est pas près de finir, chaque congrès ouvrier peut en faire la critique et la revision, mais il y a revision et revision. Dans quel sens allons-nous ?

Nous allons dans le sens de la lutte des classes révolutionnaire. Et puis, sommes-nous les seuls révisionnistes ? Camarades de l'opposition, n'est-il personne parmi vous qui n'ait défendu le principe de la liaison organique entre la C.G.T.U. et le Parti communiste, par exemple ? N'êtes-vous pas d'accord avec Godonnèche ?

CHARBIT. — Non !

MONMOUSSEAU. — Depuis quand ?

CHARBIT. — Depuis toujours.

MONMOUSSEAU. — C'est charmant, je n'en savais rien. Etes-vous d'accord avec Monatte ?

CHARBIT. — Oui.

MONMOUSSEAU. — Eh bien ! Godonnèche fut un fervent collaborateur de Monatte. Laissez-moi vous citer un petit mot de Godonnèche écrit à l'un de nos bons militants de la C.G.T.U., au nom du groupe Monatte, à la date du 15 janvier 1920 :

« En main ta lettre du 7 janvier. Je relis ta motion et je me dis : ou nous ne nous comprenons pas ou nous sommes en désaccord. Tu dis : « Ne pas adhérer quant à présent à la III⁰ politique »... mettrais-tu, toi aussi, à l'instar de nos « politiciens » confédéraux, l'Internationale Communiste de Moscou (parti politique qui a fait la Révolution en Russie) sur le même plan que les partis « socialistes » contre-révolutionnaires des autres pays de l'Europe? Je suis tenté de le croire en voyant que tu affirmes ensuite, comme nos majoritaires encore, que malgré cela ta sympathie « va aux camarades russes en lutte pour l'émancipation prolétarienne ».

Il me semble qu'il y a, depuis cette époque, une petite revision d'effectuée dans l'appréciation des événements et des tactiques de la part du groupe Monatte.

Nous avons combattu contre quelques-uns d'entre vous la liaison organique, et nous la combattons encore dans ce pays de formation absolument différente de celle des autres pays, nous la combattons parce qu'elle signifierait l'impossibilité de rallier les grandes masses ouvrières dans les syndicats.

Ceci, nous l'affirmons au congrès de Bordeaux comme nous l'avons affirmé à ceux de Saint-Etienne et de Bourges.

Parlons maintenant du comité de la III° Internationale, cette force si petite par le nombre, si grande par la volonté et la puissance de pensée, à la tête de laquelle se trouvait notre ancien camarade Monatte.

Qu'était-ce donc que ce comité? C'était la concentration des forces arrachées à la social-démocratie et au syndicalisme réformiste; c'était la réunion de tous les militants révolutionnaires de la C.G.T. et du Parti socialiste, dressés vers la lutte des classes, contre l'union sacrée.

Vous avez fait sur ce point une revision qui ne porte pas seulement sur la tactique, mais qui correspond à une revision des perspectives et des possibilités révolutionnaires, en accord toujours avec votre degré de pessimisme et de défaitisme qui vous ramène à l'anarcho-réformisme.

LA BOURGEOISIE ARBITRE DE NOS DIVERGENCES

Comment la bourgeoisie apprécie-t-elle cette revision?

Oh! c'est très clair. En 1920 Monatte était avec nous à la prison de la Santé, inculpé dans le même complot. Qui voulait-elle atteindre, la bourgeoisie de ce pays? Monmousseau? Monatte? Non, mais la nouvelle formation du mouvement révolutionnaire pour lequel ils travaillaient. Aujourd'hui, ce mouvement a grandi, la répression gouvernementale a atteint de telles proportions que le complot de 1920 n'est rien auprès de celle qui sévit actuellement; et cette répression, où passe-t-elle? A côté de votre chef, à côté de l'emprisonné d'hier (*applaudissements*).

La roue tourne, elle a tourné. C'est le gouvernement qui tient le volant. Vous auriez dû penser à cela pour mesurer les attaques que vous avez dirigées contre nous. La roue a tourné, mais elle vous a épargnés. La bourgeoisie reconnait ses adversaires déterminés, méthodiques, résolus ; elle vous a laissés en paix, comme elle y laisse à l'heure actuelle les petits relents de l'anarchisme d'avant-guerre, et comme elle a glorifié les chefs réformistes (*vifs applaudissements*).

Le caractère de notre revision est ainsi marqué par des arbitres incontestés.

Nous allons passer au vote sur le rapport moral. Nous tirerons les leçons des critiques apportées. Mais ce congrès fera la démarcation nécessaire entre l'essai d'autocritique indispensable à la vitalité de nos organisations et l'attaque systématique contre l'orientation lutte de classes de la C.G.T.U.

Le congrès dira si la voie suivie jusqu'ici est la véritable voie révolutionnaire.

En votant le rapport moral, le congrès dira que nous devons continuer, en les décuplant, les efforts accomplis dans le passé pour mettre entre les mains du prolétariat de ce pays l'arme indispensable à son émancipation : un syndicalisme puissant, un syndicalisme de masse établi sur les revendications immédiates et situé dans la ligne de la lutte des classes et de la révolution (*applaudissements répétés*).

(Le congrès debout chante *l'Internationale*.)

MAISON DES SYNDICATS
SERVICE DE L'IMPRIMERIE
33, Rue Grange-aux-Belles, 33
PARIS (X')